tredition

BIANCA TRABER

FACHKRÄFTEMANGEL HABEN NUR AMATEURE

112 PROVOKANTE FRAGEN,

die Ihr Business so richtig auf Trab bringen, wenn Sie das wollen.

„Ein Buch, so wertvoll wie ein guter Sparringspartner."

So lässt sich das Werk trefflich auf den Punkt bringen.

IMPRESSUM

© 2022 Bianca Traber, Mühlingen
https://diemehrwertfabrik.de/

Lektorat: Patrick Bothe, https://www.groenmate.de/
Titelbild: mel-nik/Getty Images über Canva.com
Grafiken: siehe Abbildungsverzeichnis
Foto-Autor: Jörg Krämer ©2021

ISBN Softcover: 978-3-347-74312-0
ISBN Hardcover: 978-3-347-75397-6

Druck und Distribution im Auftrag des Autors:
tredition GmbH, Halenreie 40–44, 22359 Hamburg, Germany

Das Werk, einschließlich seiner Teile, ist urheberrechtlich geschützt. Für die Inhalte ist der Autor verantwortlich. Jede Verwertung ist ohne seine Zustimmung unzulässig. Die Publikation und Verbreitung erfolgen im Auftrag des Autors, zu erreichen unter: tredition GmbH, Abteilung »Impressumservice«, Halenreie 40-44, 22359 Hamburg, Deutschland.

INHALT

01

112 FRAGEN – WOZU UND WEM NÜTZT DAS?

5-9

02

112 PROVOKANTE FRAGEN

GEMACHT ZUM NACHDENKEN, MITDENKEN UND WEITERDENKEN

11-177

INHALT

① Meinungsmache(r) 11-29
Wo eine Nachricht ist, ist eine Meinung nicht weit

② Schiedsrichter gnadenlos 31-54
Rote Karte für Schwalben

③ Glaubenskämpfe(r) 56-71
Gewonnen wird im Kopf – verloren auch

④ Fachkräfte für alle? 73-85
Wem der Markt gehört

⑤ Einfach abgehoben 87-98
Was den Profi vom Amateur unterscheidet

INHALT

⑥ Die Liga machts 100-115
In welcher spielt Dein Recruiting?

⑦ CHEFSACHE I 117-128
Spiel(er)macher oder Spielball?

⑧ CHEFSACHE II 130-143
Wer definiert, regiert

⑨ CHEFSACHE III 145-154
Die Mannschaftsaufstellung

⑩ Einfach nachgerechnet 156-167
Von Eigentoren und Fehlpässen

INHALT

 **Für die Galerie gespielt** 169-177
Raus aus der Ja-Aber-Ecke

Zu den jeweiligen Fragen gibt es immer die Möglichkeit, sich Notizen zu machen. Etwa zu spontanen Geistesblitzen, ersten Ideen, weiteren Recherchen oder to do's, die voranbringen.

03
NACHSPIELZEIT

Über den Autor – Danksagung – Abbildungsverzeichnis

178-180

01

Liebe Leserin, lieber Leser,

haben Sie den Eindruck, dass zum Thema Fachkräftemangel schon alles gesagt ist, nur noch nicht von jedem? Schenken wir aktuellen Umfragen Glauben, kämpfen 87 Prozent der Unternehmen mit dem Phänomen.*

Zu den Daten und Fakten ist ausreichend geschrieben – und in der Realität scheinen sich die Zahlen zu bestätigen. „Praxisbeispiel": das Flughafen-Chaos im Sommer 2022. An Entspannung oder gar ein Spielende ist noch lange nicht zu denken. Im Gegenteil, es geht in die Verlängerung. War es erst der Fachkräftemangel, ist es heute die Arbeiterlosigkeit, die auf uns zugerollt kommt. Das ist die eine Seite.

Sind also die übrigen 13 Prozent auch bald „Arbeiter los"?
Die andere Seite: An Lösungen, die spektakuläre Erfolge im Kampf gegen den Fachkräftemangel versprechen, mangelt es nicht. Der Markt ist überhitzt wie die Fankurve nach einer Fehlentscheidung.
Und wer sich nicht ausreichend damit beschäftigt, verirrt sich schnell im Dschungel der Möglichkeiten. Dadurch steigt die Gefahr, zu viel, statt das Richtige zu investieren.

Sind die Lösungsanbieter also unfähig, richtige Lösungen zu bauen? Versprechen sie einfach zu viel? Oder ist die Mehrzahl der Unternehmen nicht in der Lage oder willens, diese richtig einsetzen? Mitnichten. Beide Parteien – Unternehmen wie Lösungsanbieter – kämpfen auf der gleichen Seite. Gegen einen Gegner, der immer übermächtiger zu werden scheint. Was aber tun?

*Quelle: dpa, 09.09.22

01

„Mangel hin oder her. Einfach, schwierig oder beinahe unmöglich. Spielt alles keine Rolle. Trikot durchschwitzen reicht nicht", sagt Bianca Traber. „Das Runde muss ins Eckige", vollendet Joseph „Sepp" Herberger das Gleichnis.

Und genau dafür ist das Buch gemacht. Es liefert den Anstoß, nicht nur den ein oder anderen Glückstreffer zu landen oder vereinzelt ein Spiel zu gewinnen, sondern in jeder Saison als Gewinner vom Platz zu gehen. Und das trotz aller bestehenden oder kommenden Widrigkeiten.

Was braucht es dafür? Training – und zwar vor dem Spiel. Erst dann Spielzüge zu üben, wenn die Partie bereits läuft, kann nicht zum Erfolg führen.

Wer gewinnen will, bereitet sich vor. Ob auf dem Fußballplatz oder in Unternehmen: Vorbereitung macht den Profi. Und es gibt noch einen Aspekt, der Profis von Amateuren unterscheidet: der ganzheitliche Blick.

Geht der Ballbesitz verloren, sieht der Amateur nur einen Zweikampf, der nicht erfolgreich war. Der Profi erkennt hingegen die Fehlerkette und ist in der Lage, diese zu korrigieren – um den Ball zurückzuerobern und das Spiel wieder zu bestimmen.

Für den ganzheitlichen Blick liefert das Buch neun Perspektiven in Form einzelner Kapitel: vom Meinungsmache(r) bis zur Chefsache. Dann kann sich das Spiel in allen Richtungen entfalten. Der nötige Freiraum dafür ist vorhanden: Der Platz für Notizen hilft dabei, die Strategie und Taktik für die Zukunft festzulegen.

01

Und wie funktioniert das? Jetzt wird es persönlich: Dein stärkster Gegenspieler bist Du – oder besser: das eigene Ego, die Vorurteile, eingefahrene Glaubenssätze. Aber: Du bist auch Dein stärkster Sparringspartner. Die Fragen leiten dazu an, sich dem Zweikampf zu stellen und Chancen zu kreieren.

Hast Du das Zeug zum Profi?

P. S: Dir fehlen Gendersternchen? Auch hier lade ich Dich ein, Dich jederzeit angesprochen zu fühlen und das unabhängig von Deinem Geschlecht.

01
WIE DU DIESES BUCH OPTIMAL NUTZT

„In der Kakofonie der Stimmen macht sich jeder seinen eigenen Reim auf die Rätsel dieser Welt." Gerade in Zeiten voller Fake News, Deepfake und Informationsüberfluss trifft dieses Zitat von Erwin Koch einen besonderen Nerv. Daher ein paar Hinweise, bevor es ins Zweikampf-Training geht.

Betrachte dieses Werk wie der Fußballprofi die Sportabteilung. Er schlendert durch die Ausstellung und sucht sich die Ausrüstung heraus, von der er sich einen Vorteil verspricht.

Wähle die Fragen aus, die Deine Aufmerksamkeit und Dein Interesse erregen. Vielleicht, weil sie Dir vertraut vorkommen. Überdenke sie gern noch einmal und prüfe, ob sich etwas an den Rahmenbedingungen geändert hat. Es muss nicht jede Frage für jeden Leser von gleich großem Interesse sein; aber wenn Du einige Fragen findest, die Dir in der Zukunft helfen, dann hat es sich schon gelohnt!

Um mehr Klarheit zu bekommen, findest Du am Rand der Notiz-Box diverse Symbole. Diese stehen für 1 = Ideen, 2 = Fragen, 3 = Faktencheck, 4 = Dialog und 5 = To do.

Tipp: Achte besonders auf Fragen, die Dir ungewohnt vorkommen. Diese lege ich Dir besonders ans Herz. Es sind diejenigen, die Du vielleicht nicht sofort im Zusammenhang zum Thema siehst, einen Widerwillen spürst oder gar aufkommende Gedanken dazu verdrängen möchtest. Genau diese sind es, die Dich gezielt voranbringen. Viel Vergnügen beim Training – und später im Spiel.

01
EINLADUNG

Liebe Leserin, lieber Leser,

ich bin mir sicher, nicht nur in Deinem Business ist beim Thema Fachkräftegewinnung noch „Luft nach oben"! Auch bei den 112 Fragen und diesem Format. Und weil gemeinsam besser werden nicht nur Spaß macht, sondern auch eine praktische Win-win-Situation ist, lade ich Dich herzlich ein, **aktiv bei der 2. Auflage mitzuwirken.**

Schreibe dazu Deine Ideen, Fragen, Verbesserungen, konstruktive Kritik und Wünsche gern an:
gamechanger@diemehrwertfabrik.de

Vielleicht hast Du auch Ideen für eine neue Kategorie. Dann ran an die Tasten. Ziel ist es, weitere Perspektiven zu eröffnen und so mehr Erfolg und Fortschritt zu ermöglichen.

Du willst wissen, wie ich die ein oder andere Frage beantworten würde? Oder wie ich zur »Sache mit dem Fachkräftemangel« stehe? Du bist willkommen! Tritt mit mir in den persönlichen Austausch und finde heraus, wie meine Einstellung vor der Einstellung ist.

Vor allem, wie Du davon profitieren kannst. Hier findest Du meinen persönlichen Kalender. Schau bei Bedarf rein und buche einfach Deinen Wunschtermin: https://diemehrwertfabrik.de/kalender/

Ich freue mich auf Dich.

Bianca Traber, Oktober 2022

Meinungsmache(r)

Wo eine Nachricht ist, ist eine Meinung nicht weit

01

Wer benötigt »DEN FACHKRÄFTEMANGEL« und wozu? Wie ist Deine Meinung:
- **Wem nützt** das Thema?
- **Wessen** Interessen werden bedient?
- **Welche** können das sein?

Meine GEISTESBLITZE, FRAGEN, IDEEN & To Do's:

02

Welche Bedeutung bzw. Priorität hat für Dich das Thema Fachkräftemangel? Was denkst Du: Welchen Einfluss haben **Deine Prioritäten** auf Deine Meinungsbildung?

Meine GEISTESBLITZE, FRAGEN, IDEEN & To Do's:

03

In Diskussionen zum Thema geht es oft heiß her. Was denkst Du – **welchen Einfluss haben Emotionen** grundsätzlich auf Deine Meinungsbildung und auf Deine Entscheidungen?

Meine GEISTESBLITZE, FRAGEN, IDEEN & To Do's:

04

Schon gewusst? Informationen, die unsere Einstellung zu einer Sache bestätigen, **halten wir für glaubwürdiger und wahrer**. Wie gelingt es Dir dennoch <u>objektiv</u> zu bleiben?

Meine GEISTESBLITZE, FRAGEN, IDEEN & To Do's:

05

Nach dem Motto: „Wer A sagt, muss auch B sagen" neigen Menschen dazu, auf ihrem Standpunkt zu beharren. Stichwort konsistentes Verhalten. **Was tust Du** beim Thema Fachkräftemangel, um möglichst widerspruchsfrei zu bleiben?

Meine GEISTESBLITZE, FRAGEN, IDEEN & To Do's:

06

Sir Winston Churchill sagte über Meinung: „Wenn zwei Menschen immer wieder die gleichen Ansichten haben, ist einer von ihnen überflüssig." **Wie denkst Du darüber?**

Meine GEISTESBLITZE, FRAGEN, IDEEN & To Do's:

07

Wirtschaftsjournalistin Ulrike Herrmann äußert sich zum Denken der Masse wie folgt: „Wer nur denkt, was die Masse denkt, kann auch gleich das Denken einstellen." Wie ist das bei Dir? **Wie oft folgst Du** „einfach so" der Meinung der Masse? Zum Beispiel aus Bequemlichkeit, Mangel an Zeit oder sonstigen Gründen.

Meine GEISTESBLITZE, FRAGEN, IDEEN & To Do's:

08

Wie steht es um Deine **Autoritätsgläubigkeit!** Bist Du jemand, der den Meinungen von Experten und Autoritäten uneingeschränktes Vertrauen schenkt?

Meine GEISTESBLITZE, FRAGEN, IDEEN & To Do's:

09

Wer oder was hat **noch Einfluss** auf Deine Meinungsbildung? Wer ganz besonders? Wie kommt das? Bitte begründe kurz.

Meine GEISTESBLITZE, FRAGEN, IDEEN & To Do's:

10

Wenn in der Wirtschaftspresse Fakten zum Thema präsentiert werden, nimmst Du diese automatisch als „gesetzt" hin?
- Falls ja, wie kommt's?
- Falls nein, **wann und wie oft prüfst Du** diese?

Meine GEISTESBLITZE, FRAGEN, IDEEN & To Do's:

11

Viele Menschen haben eine Meinung dazu, was alles erreichbar oder unerreichbar ist. Wie ist das bei Dir? Lässt Du Deine eigenen oder die Grenzen anderer zu Deinen eigenen machen? **Was kostet Dich die „Begrenztheit der Anderen"?**

Meine GEISTESBLITZE, FRAGEN, IDEEN & To Do's:

12

Dein Algorithmus – meine Meinung! Was fällt Dir spontan dazu ein? Schau Dir dazu den Lesetipp auf der nachfolgenden Seite (23) an. **Tipp:** Das Thema eignet sich gut für eine Diskussionsrunde.

Meine GEISTESBLITZE, FRAGEN, IDEEN & To Do's:

Mit wem kannst Du hier in einen konstruktiven Austausch gehen?

🔍 Quick-Tipp zu 12

Lesetipp: Dein Algorithmus – meine Meinung! Eine lesenswerte Lektüre über die Zusammenhänge von Algorithmen in Medien und ihre Bedeutung und Macht auf unsere Meinungsbildung.

Herausgegeben von der Bayerischen Landeszentrale für Medien.

Inhalt

Einführung: Medien, Macht und Meinungsbildung

Algorithmen und ihre Eigenschaften
- Was ist ein Algorithmus?
- Algorithmen von Suchmaschinen
- Algorithmen der künstlichen Intelligenz
- Big Data
- Qualität von Algorithmen

Meinungsbildung und Algorithmen
- Selektion durch Algorithmen
- Einfluss auf die Meinungsbildung

Algorithmen, Demokratie und Kontrolle
- Beispiel: Deradikalisierung per Suchmaschine
- Gefährden Algorithmen die Demokratie?
- Social Bots und Chatbots
- Transparenz von Algorithmen
- Zitierte und weiterführende Literatur

Quelle: https://www.polsoz.fu-berlin.de/kommwiss/institut/cemil/schule/schule_inhaltselemente/33_meinungsbildung/b_algorithmus.pdf

13

In Publikationen und Diskussionen werden häufig Begriffe wie Engpassberufe, „War for Talents" und Fachkräftemangel vermischt. Was denkst Du – **Wem nützt eine fehlende Differenzierung?**

Meine GEISTESBLITZE, FRAGEN, IDEEN & To Do's:

14

Nach der Definition der Bundesagentur für Arbeit (Stand 12/2021) „... kann man in Deutschland weder von einem allgemeinen Arbeitskräftemangel noch von einem umfassenden Fachkräftemangel sprechen." Was denkst Du darüber?

Meine GEISTESBLITZE, FRAGEN, IDEEN & To Do's:

Kettner, A. (2012). Fachkräftemangel - Fakt oder Fiktion? Empirische Analysen zum betrieblichen Fachkräftebedarf in Deutschland. (IAB-Bibliothek (Dissertationen), 337). Bielefeld: W. Bertelsmann Verlag

14A

Wie oft findest Du diesen wichtigen Hinweis der Bundesagentur für Arbeit in Studien, Presseberichten und sonstigen Publikationen zu diesem Thema?

- **Wie verändert sich die Aussagekraft von Inhalten** zum Thema – mit und ohne diesen Hinweis?

Meine GEISTESBLITZE, FRAGEN, IDEEN & To Do's:

15

Wenn jemand sagt: „Die Mitarbeiter, die wir brauchen, gibt es so nicht am Markt." oder „Wir finden keine passenden Bewerber." Handelt es sich dabei um eine **objektive Meinung, ein Indiz oder einen Fakt?** Begründe bitte Deine Entscheidung.

Meine GEISTESBLITZE, FRAGEN, IDEEN & To Do's:

16

Sprache ist in der Lage, unsere Denkrichtung und damit unsere Annahmen über die Welt und deren Wirklichkeit zu beeinflussen. Was denkst Du – **wie wirklich ist der Fachkräftemangel?**

Meine GEISTESBLITZE, FRAGEN, IDEEN & To Do's:

17

Wenn Du demnächst Beiträge zum Fachkräftemangel siehst – ersetze einfach den Begriff Fachkräftemangel durch Vollbeschäftigung. Zum Beispiel: **Vollbeschäftigung bedroht deutsche Wirtschaft.** Wie denkst Du jetzt über das Thema?

Meine GEISTESBLITZE, FRAGEN, IDEEN & To Do's:

Schiedsrichter gnadenlos

Rote Karte für Schwalben

18

Wusstest Du, dass es „... bisher **weder im öffentlichen noch im wissenschaftlichen Diskurs** eine einheitliche Definition des Begriffs Fachkräftemangel gibt"? Welcher Definition folgst Du?

Meine GEISTESBLITZE, FRAGEN, IDEEN & To Do's:

19

Wie würdest Du den Begriff Fachkräftemangel mit Deinen **eigenen Worten** beschreiben/definieren?

Wie würdest Du einem 5-Jährigen erklären, was Fachkräftemangel ist?

Meine GEISTESBLITZE, FRAGEN, IDEEN & To Do's:

20

Wie würdest Du Dein Verständnis vom Fachkräftemangel jemandem erklären, der **in Zeiten von Massenarbeitslosigkeit** aufgewachsen ist und wie jemandem, der heute lebt?

Meine GEISTESBLITZE, FRAGEN, IDEEN & To Do's:

21

Unter welchen Bedingungen würdest Du **nicht** (mehr) von einem Fachkräftemangel sprechen? Was würde sich dadurch alles verändern?

Meine GEISTESBLITZE, FRAGEN, IDEEN & To Do's:

22

Wie und was verändert sich, wenn Du den Begriff in seine drei Bestandteile trennst?

Fach-Kräfte-Mangel

Meine GEISTESBLITZE, FRAGEN, IDEEN & To Do's:

23

Mangelt es dann Deiner Meinung nach an den **Kenntnissen des Fachs**?
Tipp: Bitte schaue Dir auch die nachfolgenden Detailfragen auf den Seiten 37-44 an.

Meine GEISTESBLITZE, FRAGEN, IDEEN & To Do's:

23A

Wenn es „am Fach mangelt" – **woran genau**? An einer abgeschlossenen Ausbildung? An notwendigen Fachkenntnissen in der Theorie und/oder in der Praxis?

Meine GEISTESBLITZE, FRAGEN, IDEEN & To Do's:

23B

Wie bedeutend oder erfolgskritisch sind die jeweils gewünschten Fachkenntnisse für die Bewältigung der zu erledigenden Aufgabe/-n?
- Welche Wirkung haben sie auf das Ergebnis?
- Welchen Einfluss auf Deinen Geschäftserfolg?

Meine GEISTESBLITZE, FRAGEN, IDEEN & To Do's:

23C

Wie bewertest Du Fachkenntnisse, die jemand durch Berufserfahrung erworben hat, im Vergleich zu Fachkenntnissen, die in einer Ausbildung vermittelt wurden?

Meine GEISTESBLITZE, FRAGEN, IDEEN & To Do's:

23D

Wem können fehlende Fachkenntnisse vermittelt werden – etwa Quereinsteigern, Wiedereinsteigern, Kandidaten mit ähnlichen Berufsbildern?
- **Welche Instrumente** eignen sich zur Wissensvermittlung?
- **In welcher Zeit** können diese vermittelt werden?

Meine GEISTESBLITZE, FRAGEN, IDEEN & To Do's:

24

Wenn es am Faktor Kraft mangelt – woran genau? Fehlt es etwa an:
- Leistungsvermögen,
- Ausdauer,
- körperlicher Kraft,
- Motivation?

Meine GEISTESBLITZE, FRAGEN, IDEEN & To Do's:

24A

Woran erkennst Du Leistungsvermögen, Ausdauer, körperliche Kraft und Motivation?
- Für wie objektiv hältst Du Deine Einschätzung?
- Nutzt Du messbare Kriterien? Wenn ja, welche?

Meine GEISTESBLITZE, FRAGEN, IDEEN & To Do's:

24B

Wer oder was hat noch „die Kraft", um die notwendigen Jobs zu erledigen? Notiere gleich alle Möglichkeiten, die Dir dazu einfallen.
- Welche davon nutzt Du bereits?
- Welche sind noch ungenutzt?
- Wie kannst Du neue finden?

Meine GEISTESBLITZE, FRAGEN, IDEEN & To Do's:

24C

Welchen Wertbeitrag/Nutzen soll die gewünschte Kraft/Manpower Dir und dem Unternehmen bringen? **Was kostet es Dich** mit der Zeit, wenn diese fehlt? Siehe dazu Seite 157.

Meine GEISTESBLITZE, FRAGEN, IDEEN & To Do's:

25

Wenn es weder am Fach noch an der Kraft mangelt, woran mangelt es dann? Stimmen Lohnvorstellungen nicht überein? Fehlt die Sympathie, ein gemeinsames Werteverständnis? **Bitte präzisiere und begründe Deine Meinung.**

Meine GEISTESBLITZE, FRAGEN, IDEEN & To Do's:

26

Handelt es sich dabei um Einzelfälle oder mangelt es bei jedem neuen Bedarf an einem der Punkte? Falls ja, worauf kannst Du **aktiv Einfluss nehmen?** Und worauf nicht?

Meine GEISTESBLITZE, FRAGEN, IDEEN & To Do's:

27

Häufig wird ein Fachkräftemangel auch an der Anzahl an Bewerbern festgemacht. Weniger Bewerber = Fachkräftemangel. **Wem nützt diese Ableitung?** Was denkst Du: wem oder was nützen mehr Bewerber?

Meine GEISTESBLITZE, FRAGEN, IDEEN & To Do's:

28

Machen mehr Bewerber Deine Auswahlentscheidung besser? Falls Du denkst: „Ja, ist doch logisch!" - dann schau Dir nachfolgenden Quick-Tipp genauer an.
- Wie denkst Du nach dem Lesen des Tipps über den Punkt: mehr Bewerber = bessere Entscheidung?

Meine GEISTESBLITZE, FRAGEN, IDEEN & To Do's:

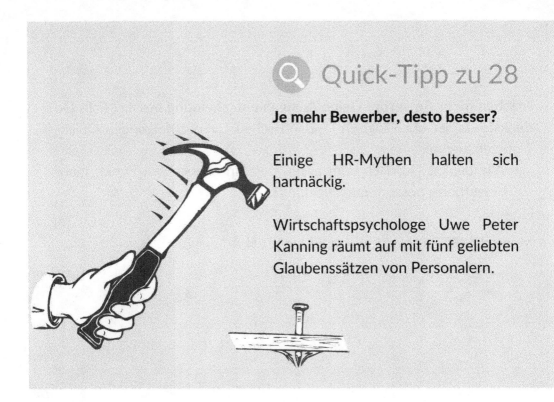

Q Quick-Tipp zu 28

Je mehr Bewerber, desto besser?

Einige HR-Mythen halten sich hartnäckig.

Wirtschaftspsychologe Uwe Peter Kanning räumt auf mit fünf geliebten Glaubenssätzen von Personalern.

Inhalt

1. Je mehr Bewerber, desto besser
2. Werte sind wichtiger als Fakten
3. Die Qualität der Personalauswahl wird zunehmend unbedeutender
4. Gering strukturierte Interviews ermöglichen treffsichere Auswahlentscheidungen
5. Computeralgorithmen sind automatisch besser!

Quelle: https://www.humanresourcesmanager.de/news/fuenf-irrtuemer-zeitgenoessischer-personalauswahl.html

29

Gern wird auch von einem Fachkräftemangel gesprochen, wenn es „schwierig ist, passendes Personal zu finden." Was denkst Du: **schwierig = Fachkräftemangel?** Ist das so?

Meine GEISTESBLITZE, FRAGEN, IDEEN & To Do's:

29A

Was genau ist schwierig? An welchen **messbaren Kriterien** machst Du fest, ob etwas einfach oder schwierig ist?

Meine GEISTESBLITZE, FRAGEN, IDEEN & To Do's:

30

Auch beliebt: „Es wird immer schlimmer mit dem Fachkräftemangel."
Wann war es nicht schlimm? Was war da anders?

Meine GEISTESBLITZE, FRAGEN, IDEEN & To Do's:

31

Oft wird suggeriert, man müsse nur neue Wege im Recruiting gehen, kreativer und attraktiver sein. So kommt automatisch ein Vielfaches mehr an Bewerbungen in noch besserer Qualität. Was denkst Du: **Woher soll das versprochene »Heer an Top-Bewerbern« kommen?**

Meine GEISTESBLITZE, FRAGEN, IDEEN & To Do's:

32

Gern kämpfen Lösungsanbieter, Recruiter, Verbände und die Politik »gegen den Fachkräftemangel«. Für wie professionell hältst Du eine solche Kampfansage, **wenn es sich beim Arbeitsmarkt um einen Matching-Markt handelt**? Wer soll hier gegen wen oder was kämpfen und wozu?

Meine GEISTESBLITZE, FRAGEN, IDEEN & To Do's:

Glaubenskämpfe(r)

Gewonnen wird im Kopf – verloren auch

33

Glaubst Du an einen Fachkräftemangel? Falls ja – wozu machst Du das?
- Woran glaubst Du genau?
- Was gewinnst/verlierst Du möglicherweise durch Deinen Glauben?

Meine GEISTESBLITZE, FRAGEN, IDEEN & To Do's:

34

In Ihrem Werk über – Die Logik der Knappheit – schreiben Harvard-Ökonom Sendhil Mullainathan und Eldar Shafir, Psychologe aus Princeton: „Knappheit ist ein Irrtum unserer Wahrnehmung". Was denkst Du – **wie real ist (Deine) Knappheit?**

Meine GEISTESBLITZE, FRAGEN, IDEEN & To Do's:

Buchtipp: Die Kunst der Knappheit von Sendhil Mullainathan und Eldar Shafi

34A

Ihre These: **Mangel zieht Mangel nach sich.** Wie siehst Du das?
- Welche persönlichen Erfahrungen hast Du schon mit »Mangel« gemacht?
- Welche Auswirkungen hatte die Fokussierung darauf?
- Waren diese eher positiv oder eher negativ?

Meine GEISTESBLITZE, FRAGEN, IDEEN & To Do's:

35

Was würde sich verändern, wenn Du Dich mit Deinem Denken und Deinen Handlungen **auf Fülle fokussierst?**

Meine GEISTESBLITZE, FRAGEN, IDEEN & To Do's:

36

Glaubst Du, Deine Mitarbeiter und Du haben **einen (rechtlichen) Anspruch auf Fachkräfte oder Arbeitskräfte?** Und das zu jeder Zeit, an jedem Ort, zu jedem Preis und in der von Dir gewünschten Qualität?

Meine GEISTESBLITZE, FRAGEN, IDEEN & To Do's:

36A

Glaubst Du: Du und Deine Mitarbeiter haben **einen (rechtlichen) Anspruch** auf eine einfache Personalbeschaffung oder einfache Erfolge bei der Gewinnung?

Meine GEISTESBLITZE, FRAGEN, IDEEN & To Do's:

37

Denkst Du, der Arbeitsmarkt funktioniert **wie der Lieferservice bei Amazon™ oder wie ein gut sortierter Selbstbedienungsladen**? Falls ja, wie kommt's?

Meine GEISTESBLITZE, FRAGEN, IDEEN & To Do's:

38

Eines Tages kommt sie – **die Schuldfrage**. Was glaubst Du? Wer oder was ist für Deine Personalprobleme verantwortlich?

Meine GEISTESBLITZE, FRAGEN, IDEEN & To Do's:

38A

Angenommen, Du hast einen Sündenbock gefunden und die Schuldfrage ist abschließend geklärt. **Wie hilft Dir das**, die Ziele zu erreichen, für die Du ebenjene Fachkräfte benötigst?

Meine GEISTESBLITZE, FRAGEN, IDEEN & To Do's:

39

Glaubst Du, Du kannst bestehende und zukünftige **Marktbedingungen** zu Deinen Gunsten verändern/beeinflussen?
- Worauf hast Du konkreten Einfluss? Was kannst Du verändern? Die Bedingungen selbst oder den Umgang damit?

Meine GEISTESBLITZE, FRAGEN, IDEEN & To Do's:

39A

- **Wie** kannst Du die Veränderungen umsetzen?
- In welchem **Zeitraum**?
- **Wer** kann Dir dabei helfen?
- Was **kostet** Dich das?

Meine GEISTESBLITZE, FRAGEN, IDEEN & To Do's:

39B

Was kostet es Dich (mehr), wenn Du notwendige Anpassungen nicht umsetzt oder diese bewusst oder unbewusst hinauszögerst? Bist Du Dir der Auswirkungen für Dich und Dein Geschäft bewusst?

Meine GEISTESBLITZE, FRAGEN, IDEEN & To Do's:

39C

Falls Du keinen Einfluss hast: **Was hindert Dich**, gegebene Marktbedingungen als solche zu akzeptieren und das Spiel so zu spielen, dass Du dennoch als Gewinner vom Spielfeld gehst?

Meine GEISTESBLITZE, FRAGEN, IDEEN & To Do's:

40

Welche konkreten Maßnahmen leitest Du aus Glauben – Wissen – Meinungen – Zahlen – für Dich und Dein Recruiting ab? Wie erfolgreich sind diese Maßnahmen?

Meine GEISTESBLITZE, FRAGEN, IDEEN & To Do's:

40A

Glaubst Du, Du kannst Deine (Mangel-) Situation aussitzen nach dem Motto: Kommen auch mal wieder andere Zeiten. Wie lange willst Du darauf warten und **was kostet Dich »das Aussitzen«?**

Meine GEISTESBLITZE, FRAGEN, IDEEN & To Do's:

41

Zum Thema Fachkräftemangel werden zahlreiche Forderungen an die Regierung gestellt. Was glaubst Du – welche der **Maßnahmenpakete, die die Bundesregierung für die Wirtschaft »schnürt«** – kommen direkt bei Dir an? Welche bringen Dir keinen Mehrwert?

Meine GEISTESBLITZE, FRAGEN, IDEEN & To Do's:

Fachkräfte für alle?

Wem der Markt gehört

42

Das Gegenteil von Mangel ist Überfluss. Was denkst Du: **Hast Du ein Anrecht auf Überfluss?** Falls Du die Frage bejahst: Woraus leitest Du Deinen Anspruch ab? Wer soll ihn erfüllen – und wozu?

Meine GEISTESBLITZE, FRAGEN, IDEEN & To Do's:

43

„Die Vorstellung vollkommener Märkte entspricht einfach nicht der Realität: nicht auf dem Arbeitsmarkt und genauso wenig bei der Partnerwahl oder der Parkplatzsuche." Dale Thomas Mortensen (*1939), Wirtschaftsnobelpreisträger. **Wie denkst Du darüber?**

Meine GEISTESBLITZE, FRAGEN, IDEEN & To Do's:

6Q ARBEITSMARKT-RADAR®

regional • überregional • global • branchenübergreifend

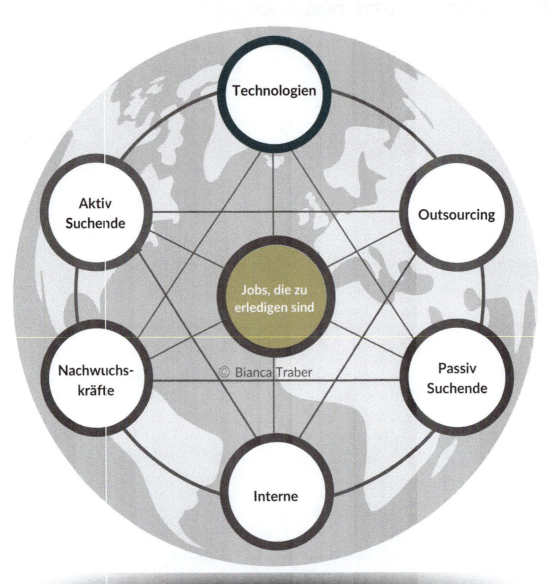

DISRUPT THE WAY YOU HIRE

> **Der 6Q Arbeitsmarkt-Radar®** zeigt die sechs Hauptmärkte, die nach aktuellem Kenntnisstand regional, überregional und global jedem Unternehmen zur Verfügung stehen. Innerhalb dieser Märkte kann auch branchenübergreifend rekrutiert werden.
>
> Nachgefragt wird das Modell, weil es alle (nach heutigem Kenntnisstand) **Quellen und Verbindungen** aufzeigt, um:
>
> - neue Beschaffungs-Potenziale zu entdecken,
> - Zukunftsfähige Recruiting-Konzepte und Strategien zu entwickeln (Mixen und Matchen)
> - treffsichere Marketing-Konzepte zu kreieren und
> - den Einkauf von Beschaffungslösungen zu optimieren.
>
> Wenn Du wissen willst, **wie** das funktioniert, schreibe eine Mail an gamechanger@diemehrwertfabrik.de
>
> Bianca Traber, DIE MEHRWERTFABRIK

44

Wie Du am 6Q Arbeitsmarkt-Radar ® ablesen kannst, stehen jedem Unternehmen gleichermaßen sechs Quellen zur Verfügung. **Welche Quellen und Kombinationen** nutzt Du heute schon aktiv für Deinen Erfolg?

Meine GEISTESBLITZE, FRAGEN, IDEEN & To Do's:

45

Wie bewertest Du nach Kenntnis des 6Q Arbeitsmarkt-Radars® die Abwanderung von Fachkräften hin zu attraktiveren Angeboten – **als Mangel oder als natürliche Umverteilung** von Ressourcen?

Meine GEISTESBLITZE, FRAGEN, IDEEN & To Do's:

46

Angenommen, Du **streichst Dir selbst alle möglichen Optionen** (inklusive Kombinationen) von der Arbeitsmarkt-Liste und bleibst damit auf unerledigten Jobs sitzen – **ist das noch Fachkräftemangel oder schon Dummheit*?**

Meine GEISTESBLITZE, FRAGEN, IDEEN & To Do's:

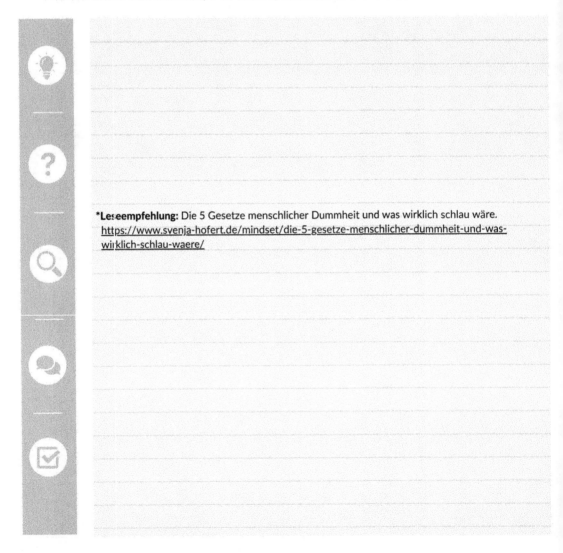

***Leseempfehlung:** Die 5 Gesetze menschlicher Dummheit und was wirklich schlau wäre.
https://www.svenja-hofert.de/mindset/die-5-gesetze-menschlicher-dummheit-und-was-wirklich-schlau-waere/

6Q ARBEITSMARKT-RADAR®

regional • überregional • global • branchenübergreifend

47

Fachkräftemangel hat, wer sich alle Optionen selbst »versagt«. Was denkst Du? Kann jemand **ohne vollständige Kenntnis** der (Bewerber-) Quellen vorhandene Marktpotenziale vollumfänglich und zum eigenen Vorteil ausschöpfen? Falls ja, begründe das bitte.

Meine GEISTESBLITZE, FRAGEN, IDEEN & To Do's:

48

Arbeitsmärkte sind **zweiseitige Matching-Märkte**. Beide Seiten müssen sich füreinander entscheiden und sich einig werden. Was leitest Du aus dieser Erkenntnis für Dein Recruiting ab?

Meine GEISTESBLITZE, FRAGEN, IDEEN & To Do's:

49

Wie kann Dir insbesondere die Kenntnis und der **intelligente Einsatz von Arbeitsmarkt-Daten** (Stichwort: Marktintelligenz) dabei helfen, aktuelle „Personalprobleme" zu lösen und zukünftige zu vermeiden?

Meine GEISTESBLITZE, FRAGEN, IDEEN & To Do's:

50

Wie wichtig ist aus Deiner Sicht das Thema **Marktbeherrschung**? Wie kann Dir etwa eine herrschende Marktposition dabei helfen, Deine Wettbewerber auf die hinteren Plätze zu verweisen?

Meine GEISTESBLITZE, FRAGEN, IDEEN & To Do's:

51

Wem gehört nun der Markt? Denjenigen, die sich proaktiv an stetig verändernde Marktbedingungen anpassen oder jenen, die einfach nur die Schärfe des Wettbewerbs beklagen?

Meine GEISTESBLITZE, FRAGEN, IDEEN & To Do's:

Einfach abgehoben

Was den Profi vom Amateur unterscheidet

52

Es heißt: **Wenn der Amateur nicht schwimmen kann, liegt es immer an der Badehose.** Wie machen das die echten Profis? Wem geben sie die Schuld fürs »Nicht-Schwimmen-Können«?

Meine GEISTESBLITZE, FRAGEN, IDEEN & To Do's:

53

Profis kennen ihren Kompetenzbereich im Gegensatz zu Amateuren, die denken, sie sind in allem gut. Wie ist das bei Dir? Bist Du ein »Hansdampf in allen Gassen« und kannst und weißt alles?

MEINE GEISTESBLITZE, FRAGEN, IDEEN & TO DO'S:

54

Amateure sehen konstruktives Feedback oder eine Meinungsverschiedenheit **als Kritik an ihrer Person**. Echte Profis nutzen diese als Chance zur Weiterentwicklung. Wie sieht das bei Dir aus?

Meine GEISTESBLITZE, FRAGEN, IDEEN & To Do's:

55

Fehler passieren. Der Umgang mit Ihnen unterscheidet den Profi vom Amateur. Amateure kehren Fehler bevorzugt unter den Teppich. Profis lernen aus ihnen. **Was machst Du?**

MEINE GEISTESBLITZE, FRAGEN, IDEEN & TO DO'S:

56

An wichtigen Themen arbeiten Amateure nur dann, wen sie gerade Lust dazu haben. **Profis tun die Dinge, die getan werden müssen.** Wie ist das bei Dir – Macher oder Amateur?

Meine GEISTESBLITZE, FRAGEN, IDEEN & To Do's:

57

Herausforderungen meistern: Wenn es mal schwierig(er) wird, sind Amateure schnell dabei aufzugeben. Profis beißen sich durch und bleiben am Ball. **Zu welcher Mannschaft gehörst Du?**

MEINE GEISTESBLITZE, FRAGEN, IDEEN & TO DO'S:

58

Nach dem Motto: **„Früher war alles besser"**, leben Amateure gern in der Vergangenheit. Wie ist das bei Dir? Schaffst Du heute schon die Voraussetzungen für den Erfolg von morgen?

Meine GEISTESBLITZE, FRAGEN, IDEEN & To Do's:

59

Profis liefern beständig gute Leistungen ab. Bei Amateuren sind Leistungen eher das Ergebnis von Zufällen. Wie steht es um Deine Leistungen und die Deiner Mannschaft? Nur Produkte des Zufalls oder reproduzierbar?

MEINE GEISTESBLITZE, FRAGEN, IDEEN & TO DO'S:

60

Amateure taktieren gern auf Sicht und löschen Brände. Profis entwickeln zusätzlich mittel- und langfristige Strategien und sorgen systematisch für deren Umsetzung. Amateur oder Profi auf diesem Spielfeld?

Meine GEISTESBLITZE, FRAGEN, IDEEN & To Do's:

61

Profis sind offen für neue Ideen, Sichtweisen und Erkenntnisse. Auch bemühen sie sich proaktiv um Fortschritt. Wie ist das bei Dir? **Wofür bist Du offen – wogegen sperrst Du Dich?**

MEINE GEISTESBLITZE, FRAGEN, IDEEN & TO DO'S:

62

Wertschöpfung vs. Business-Theater. Stell Dir vor, die Spieler Deiner Lieblingsmannschaft drehen sich – wie ein Brummkreisel – auf dem Platz im Kreis. Bisweilen gelingt ihnen per Zufall, der ein oder andere Treffer, woraufhin sich die Mannschaft fürstlich feiern lässt. Profis oder Amateure?

Meine GEISTESBLITZE, FRAGEN, IDEEN & To Do's:

63

Der Zweck von Recruiting ist es, Stellen zu besetzen? Amateure glauben genau das. Profis hingegen wissen, **dass besetzte Stellen allein keinen Umsatz oder Gewinn bringen.** Und sie wissen, dass Recruiting dazu dient: Unternehmensziele zu erreichen und Wettbewerbsvorteile zu generieren. Was glaubst Du – was ist der Zweck von Recruiting?

MEINE GEISTESBLITZE, FRAGEN, IDEEN & TO DO'S:

Die Liga machts

In welcher spielt Dein Recruiting?

64

„Recruiting kann doch jeder!" Stimmt! Eine Stelle besetzen kann in der Tat jeder – irgendwann, irgendwie und mit irgendwem. Was hat dieser Ergebnisanspruch mit professionellem Recruiting zu tun?

MEINE GEISTESBLITZE, FRAGEN, IDEEN & TO DO'S:

65

Wenn Taktik und Strategie eine saubere Einheit bilden, ist in 80 Prozent der Bedarfsfälle eine Besetzung **just-in-time** möglich. Von Personaldienstleistern wird genau das erwartet. Warum auch nicht von Deiner Recruiting-Praxis und Deinen Recruitern? Anders gefragt: **Wozu solltest Du darauf verzichten?**

Meine GEISTESBLITZE, FRAGEN, IDEEN & To Do's:

66

Unabhängig von der Just-in-Time Thematik. **Welche Ergebnisse und Erträge** erwartest Du noch von einem professionellen Recruiting – außer besetzten Stellen?

MEINE GEISTESBLITZE, FRAGEN, IDEEN & TO DO'S:

67

Auch schafft es (fast) jeder, mittelmäßige Ergebnisse abzuliefern. Was denkst Du: Welche Marktanteile/Marktverluste kann eine **»Liga der Mittelmäßigkeit«** einem Unternehmen einbringen?

Meine GEISTESBLITZE, FRAGEN, IDEEN & To Do's:

68

Wenn sich die Marktbedingungen kurzfristig ändern, ist Dein Recruiting in der Lage sich den neuen Bedingungen **kurzfristig anzupassen**? Falls ja, welche konkreten Resultate werden erzielt? Falls nein, welche (möglichen) Resultate werden dadurch verhindert?

MEINE GEISTESBLITZE, FRAGEN, IDEEN & TO DO'S:

69

Die Chancenverwertung macht den Unterschied – auch im Recruiting. **Welche Optionen kennen Du und Deine Recruiter noch**, außer Stellen mit Personal zu besetzen? Schreibe alle Möglichkeiten, auf, die Dir einfallen. Lass Deine Recruiter ebenfalls alle Optionen notieren. Wie ist das Ergebnis?

Meine GEISTESBLITZE, FRAGEN, IDEEN & To Do's:

69A

Welche **zusätzlichen Chancen** nutzt Du schon in der Recruiting-Praxis? Welche möchtest Du zukünftig nutzen? Tipp: Schaue Dir dazu noch einmal den 6Q Arbeitsmarkt-Radar® auf Seite 75 an.

MEINE GEISTESBLITZE, FRAGEN, IDEEN & TO DO'S:

70

Was sagen Dir die nachfolgenden Begriffe: Vakanzzeit > Engpassberuf > Arbeitslosen-Stellenrelation > Schlüsselposition. Erläutere diese kurz und schau Dir auch die Detailfragen auf den Seiten 108 bis 111 an. Hier geht es um die Auswirkungen auf Deinen Recruiting-Erfolg.

Meine GEISTESBLITZE, FRAGEN, IDEEN & To Do's:

70A

Welche Auswirkungen hätte etwa ein Anstieg der Vakanzzeit von durchschnittlich 10 Tagen für Deine Recruiting-Ergebnisse, den Umsatz und die Wertschöpfung?

MEINE GEISTESBLITZE, FRAGEN, IDEEN & TO DO'S:

70B

Wie wirkt sich das **Erkennen von Engpassberufen** auf Deine Recruiting-Praxis aus? Welche besonderen Maßnahmen ergreifst Du, damit Dein Geschäft keine oder weniger Einbußen durch diese Berufsgruppe hat?

Meine GEISTESBLITZE, FRAGEN, IDEEN & To Do's:

70C

Welche **Auswirkungen hat die Arbeitsuchenden-Stellen-Relation** auf Deine Recruiting-Aktivitäten? Nenne Beispiele aus der Praxis.

MEINE GEISTESBLITZE, FRAGEN, IDEEN & TO DO'S:

70D

Kennst Du die **Schlüsselpositionen** in Deinem Unternehmen? Falls ja, wie rekrutierst Du diese? Falls nein, wie kommt's?

Meine GEISTESBLITZE, FRAGEN, IDEEN & To Do's:

71

Wie bedingen sich Engpassberufe, Schlüsselpositionen und Vakanzzeit? **Welchen Einfluss und welche Auswirkungen** haben diese auf Deine Recruiting-Prioritäten und damit auf Deine Strategie?

MEINE GEISTESBLITZE, FRAGEN, IDEEN & TO DO'S:

72

Neben Kenntnissen rund um den Arbeitsmarkt. Welche Faktoren spielen aus Deiner Sicht noch eine **erfolgsentscheidende Rolle**?
- Was bringt Verluste mit sich?
- Was verschafft Dir echte Wettbewerbsvorteile?

Meine GEISTESBLITZE, FRAGEN, IDEEN & To Do's:

73

Unterscheiden Deine Recruiting-Aktivitäten zwischen der Ansprache aktiv, passiv und latent Suchender? Oder wird mit nach dem **»Prinzip Gießkanne«** jede Zielgruppe gleich behandelt?

MEINE GEISTESBLITZE, FRAGEN, IDEEN & TO DO'S:

74

Die Masse der Recruiter ist es gewohnt, nach (geheimen) Recruiting-Kanälen, statt nach Quellen zu suchen. Wie ist das in Deiner Recruiting-Praxis?

Meine GEISTESBLITZE, FRAGEN, IDEEN & To Do's:

CHEFSACHE I

Spiel(er)macher oder Spielball?

75

Dein Unternehmen – Dein (Arbeitsmarkt-) Spiel. Wen am Markt sollte es interessieren, ob Dein Geschäft floriert, stagniert oder untergeht?
- Welche Alternativen haben Deine Kunden, wenn Du diese »wegen Personalmangel« nicht bedienen kannst?

Meine GEISTESBLITZE, FRAGEN, IDEEN & To Do's:

76

Wer trägt Deiner Ansicht nach die **finale Verantwortung für die Befriedigung Deiner Beschaffungswünsche** oder für Deinen Beschaffungserfolg – Der Arbeitsmarkt oder Du und Deine Mitarbeiter?

MEINE GEISTESBLITZE, FRAGEN, IDEEN & TO DO'S:

77

Kennst Du das Modell des „Drama-Dreiecks" mit seinen Rollen – **Opfer** – **Täter** – **Verfolger**? Welche Rolle würdest Du Dir bei den Themen Fachkräftemangel, Personalmangel und Arbeiterlosigkeit spontan zuordnen?

Meine GEISTESBLITZE, FRAGEN, IDEEN & To Do's:

78

In Publikationen werden Unternehmer gern als »Opfer des Fachkräftemangels« dargestellt. Wie siehst Du Dich? **Bist Du ein Opfer des (Arbeits-) Marktes?**

MEINE GEISTESBLITZE, FRAGEN, IDEEN & TO DO'S:

78A

Nehmen wir mal an, Du siehst Dich als »Opfer des Fachkräftemangels« – Wer würde in Deinem Fall **Täter und wer Retter** sein? Begründe das bitte kurz.

Meine GEISTESBLITZE, FRAGEN, IDEEN & To Do's:

78B

Wer – außer Dir – sollte sich für Deine »Opferrolle« interessieren?
Etwa Deine Freunde, Kunden, Investoren, Mitarbeiter? Was haben die davon? Was hast Du davon?

MEINE GEISTESBLITZE, FRAGEN, IDEEN & TO DO'S:

78C

Was kannst Du **heute noch** tun, um aus der »Opferrolle« herauszukommen? Welche Auswirkungen hätte das auf Deine Geschäftsentwicklung?

Meine GEISTESBLITZE, FRAGEN, IDEEN & To Do's:

79

Unter welchen Bedingungen würdest Du Dich nicht (mehr) als »Opfer des Marktes« sehen? Welchen direkten Einfluss hast Du auf diese Bedingungen?

MEINE GEISTESBLITZE, FRAGEN, IDEEN & TO DO'S:

80

Es gibt nicht wenige Entscheider, die wünschen sich die »guten alten Zeiten« zurück, in denen scheinbar alles besser und einfacher war. Gehörst Du dazu? **Falls Du dazugehörst:**
- Was genau war früher gut?
- Was war besser und was war einfacher?

Meine GEISTESBLITZE, FRAGEN, IDEEN & To Do's:

80A

Welche Resultate hast Du **in Zeiten der Massenarbeitslosigkeit** erzielt, die heute nicht (mehr) zu erreichen sind? Welche sind heute – zum Beispiel durch den Einsatz von Technologie – möglich, von denen Du früher nur träumen konntest?

MEINE GEISTESBLITZE, FRAGEN, IDEEN & TO DO'S:

80B

Wie bringt Dich die Sehnsucht nach »früher war alles besser« **Deinen heutigen Zielen und Wünschen näher?**

Meine GEISTESBLITZE, FRAGEN, IDEEN & To Do's:

81

„Je länger das Spiel dauert, desto weniger Zeit bleibt." wusste schon Marcel Reif, Sportkommentator. Wann willst Du wieder in den Ballbesitz kommen und **Dein Spiel für Dich entscheiden?**

MEINE GEISTESBLITZE, FRAGEN, IDEEN & TO DO'S:

CHEFSACHE II

Wer definiert, regiert

82

Es heißt: **Wer definiert, regiert.** Hast Du klare Vorstellungen davon, wie Recruiting-Erfolg aussehen kann und soll?
- An welchen messbaren Kriterien machst Du diesen Erfolg fest?
- Wie zahlen diese auf den Gesamterfolg Deiner Unternehmung ein?

MEINE GEISTESBLITZE, FRAGEN, IDEEN & TO DO'S:

83

Wie sind **Unternehmensziele und Recruitingziele** miteinander verbunden? Oder verfolgen diese voneinander unabhängige Ziele?

Meine GEISTESBLITZE, FRAGEN, IDEEN & To Do's:

84

Kennt Deine Recruiting-Mannschaft Deine Vorstellungen von Recruiting-Erfolg? Falls ja, mithilfe welcher Kennzahlen (-Systemen) führst Du diese zum Erfolg? **Notiere die wichtigsten** Key Performance Indikatoren (KPI).

MEINE GEISTESBLITZE, FRAGEN, IDEEN & TO DO'S:

84A

Wie relevant sind diese Kennzahlen für Dein Geschäft?
- Welche davon bilden den Faktor Zeit, Kosten, Qualität ab?
- Welche eignen sich dazu, die gewünschte Wertschöpfung zu steuern?
- Wie bringt das Dein Business auf Trab?

Meine GEISTESBLITZE, FRAGEN, IDEEN & To Do's:

85

Im Gegensatz zu Dienstleistern bekommen Corporate Recruiter ihr Gehalt. Unabhängig, ob die eingesetzte Lösung die gewollten Resultate liefert. **Wie bewertest Du dieses Geschäftsmodell?**

MEINE GEISTESBLITZE, FRAGEN, IDEEN & TO DO'S:

85A

Bildet Dein aktuelles **Vergütungssystem** Deinen Ergebnisanspruch ab? Falls ja – welche Wirkung hat es auf die Leistung Deiner Mitarbeiter? Ist es motivierend/demotivierend/neutral?

Meine GEISTESBLITZE, FRAGEN, IDEEN & To Do's:

86

Falls Du ergebnisorientiert arbeitest, ist die notwendige **Prozess-Reife** für eine gewinnbringende Umsetzung vorhanden? Falls ja, auf welchem Level arbeiten Deine Prozesse auf einer Skala von 0 bis 4.
0 = reaktiv, **1** = gesteuert, **2** = standardisiert, **3** = digitalisiert, **4** = automatisiert

MEINE GEISTESBLITZE, FRAGEN, IDEEN & TO DO'S:

87

„Die Kultur eines Unternehmens wird maßgeblich durch das schlechteste tolerierte Verhalten geprägt", so Personalexperte Markus Reif. Falls Du dem zustimmen kannst:
- Welches Verhalten tolerierst Du, **obwohl es Deinem Unternehmen schadet?**

Meine GEISTESBLITZE, FRAGEN, IDEEN & To Do's:

88

Haben Du und Dein Team eine **mittel- und langfristige Strategie** zur Fachkräftegewinnung oder lässt Du (noch) zu, dass sich Deine Recruiter von Stellenbesetzung zu Stellenbesetzung hangeln?

MEINE GEISTESBLITZE, FRAGEN, IDEEN & TO DO'S:

89

Wünschst Du Dir, dass Deine Recruiter sich **proaktiv** an neue Marktbedingungen anpassen und die Messlatte an Ergebnisse und Produktivität höher setzen? Falls ja, wissen das Deine Recruiter? An welchen Ergebnissen erkennst Du das?

Meine GEISTESBLITZE, FRAGEN, IDEEN & To Do's:

90

„Verschwende keine Zeit mit Dingen, die die Dinge nicht wirklich besser machen", so Elon Musk. **Worauf konzentriert sich Dein Team?** Auf das Signal oder das Rauschen?

MEINE GEISTESBLITZE, FRAGEN, IDEEN & TO DO'S:

91

Gibt es einen **kontinuierlichen Verbesserungsprozess?** Falls es diesen (noch) nicht gibt – wozu verzichtest Du darauf?

Meine GEISTESBLITZE, FRAGEN, IDEEN & To Do's:

91A

Gibt es einen **kontinuierlichen Automatisierungsprozess (KAP)**? Falls es diesen (noch) nicht gibt – wozu verzichtest Du darauf?

MEINE GEISTESBLITZE, FRAGEN, IDEEN & TO DO'S:

91B

Oder denkst Du, Du bekommst **automatisch die bestmöglichen Lösungen** geliefert? Falls ja, die bestmögliche Lösung, wovon?

Meine GEISTESBLITZE, FRAGEN, IDEEN & To Do's:

CHEFSACHE III

Die Mannschaftsaufstellung

92

Wie bewertest Du die aktuelle Mannschaftsaufstellung im Recruiting?
Wie viel Wert schafft Deine Mannschaft heute schon <u>vor und nach</u> der Stellenbesetzung? Was könnte sie schaffen? Was und wie viel an machbarem Wertbeitrag wird (noch) vernichtet?

Meine GEISTESBLITZE, FRAGEN, IDEEN & To Do's:

92A

In welcher Preisklasse spielt Deine Mannschaft? In der Klasse der günstigen Wertschaffer oder in der Liga der teuren Wertvernichter?

MEINE GEISTESBLITZE, FRAGEN, IDEEN & TO DO'S:

93

Wenn die Wissenschaft der Knappheit die Ökonomie ist – und Du im Recruiting Mitarbeiter mit betriebswirtschaftlicher Ausbildung beschäftigst – **Wieso musst Du dann unter Fachkräftemangel leiden?**

Meine GEISTESBLITZE, FRAGEN, IDEEN & To Do's:

94

Wenn Du Dir Deine Mannschaft oder einzelne Spieler anschaust: **Können, wollen und dürfen** Deine Recruiter gewünschte Wertbeiträge auch abliefern?

MEINE GEISTESBLITZE, FRAGEN, IDEEN & TO DO'S:

94A

Wenn Du überzeugt bist, ein Einzelner oder alle wollen, können und/oder dürfen das Spiel nicht beherrschen – Was tust Du dafür, um Dein Recruiting-System und Deine Teamplayer **in die »Position der Meisterschaft«** zu versetzen?

Meine GEISTESBLITZE, FRAGEN, IDEEN & To Do's:

95

Was denkst Du: Wenn sich die Abseitsregel ändert, hören Fußballprofis dann auf, Tore schießen zu wollen? Wie ist das in Deinem Team? Wie verhalten sich Deine Spieler/Deine Mannschaft, **wenn sich die Regeln ändern?**

MEINE GEISTESBLITZE, FRAGEN, IDEEN & TO DO'S:

96

Herausragende Unternehmer schaffen es, sich von den Leistungen einzelner Mitarbeiter und/oder Dienstleister **unabhängig** zu machen, während mittelmäßige Unternehmer genau davon abhängig sind.

- Von wem oder was bist Du heute noch abhängig?
- Von wem oder was bereits unabhängig?

Meine GEISTESBLITZE, FRAGEN, IDEEN & To Do's:

97

Wichtige Entscheidungen im Team zu treffen, ist grundsätzlich eine gute Idee – wenn jeder Einzelne die Verantwortung dafür trägt. Wie ist die **Verantwortung für Recruiting-Ergebnisse** in Deinem Unternehmen **aufgeteilt?**

MEINE GEISTESBLITZE, FRAGEN, IDEEN & TO DO'S:

98

In einem Markt verschieben sich permanent die Ressourcen. Ist ausreichend Know-how in Deinem Unternehmen vorhanden, **um mit wechselnden Bedingungen am Markt** umzugehen?

Meine GEISTESBLITZE, FRAGEN, IDEEN & To Do's:

99

Aktionismus ist keine Handlungskompetenz – wie steht es um die konzeptionellen Fähigkeiten Deiner Mannschaft? Falls Du hier noch »Luft nach oben« siehst, wie kannst Du Deine Mannschaft auf diesem Gebiet weiterentwickeln?

MEINE GEISTESBLITZE, FRAGEN, IDEEN & TO DO'S:

Einfach nachgerechnet

Von Eigentoren und Fehlpässen

100

Hast Du gewusst, dass **ein Recruiter im Durchschnitt 48 Prozent des geplanten Umsatzes pro Stelle an den Wettbewerb verschenkt?** Was bedeutet das fürs Unternehmen, wenn sich vermeidbare Verluste bis zum Spielende aufsummieren?

MEINE GEISTESBLITZE, FRAGEN, IDEEN & TO DO'S:

Quick-Tipp zu 100

Wenn Du schon immer wissen wolltest, wie viel Umsatz durch unbesetzte Stellen verloren gehen – **Der Revenue loss calculator macht es pro Stelle sichtbar.**

Mit welchem Umsatz-Faktor rechnen Sie bei der Stellenbesetzung?

○ Faktor 1   ● Faktor 2   ○ Faktor 3

Hier legen Sie fest, welche Wichtigkeit die Stelle für Ihr Unternehmen hat.

Wie viele Tage werden im ø bis zur Besetzung gebraucht? (siehe Grafik)

[⇅]

Gibt an, wie lange es dauert eine offene Stelle zu besetzen.

Wie hoch ist das Gehalt pro Jahr in EUR?   **Wie viele Tage werden ø gearbeitet?**

[⇅]   [250   ⇅]

In Deutschland sind das durchschnittlich 250 Tage.

[BERECHNEN]

Hier geht es zum Online-Rechner: **https://diemehrwertfabrik.de/umsatz-verlust-kalkulieren/**

101

Zu welchem Preis bekommst Du notwendige Recruiting-Ergebnisse geliefert? Weißt Du, wie viel sich möglicherweise jährlich einsparen oder reinvestieren lässt?

MEINE GEISTESBLITZE, FRAGEN, IDEEN & TO DO'S:

101A

Wie oft zahlst Du doppelt? Zum Beispiel für das Gehalt Deiner »zuständigen« Mitarbeiter und für die Leistungen von Dienstleistern, die die Arbeit Deiner Mitarbeiter machen? Hast Du einen Überblick? Falls nicht, was hat Dich bisher daran gehindert, Dir einen zu verschaffen?

Meine GEISTESBLITZE, FRAGEN, IDEEN & To Do's:

102

Wofür bezahlst Du Deine Mitarbeiter? Dass sie einen einfachen Job haben oder dafür, dass Du auftretende Probleme von ihnen gelöst bekommst?

MEINE GEISTESBLITZE, FRAGEN, IDEEN & TO DO'S:

103

Wünschst Du Dir, dass Deine Mitarbeiter auch **wirtschaftliche Aspekte** bei ihren (Recruiting-) Entscheidungen berücksichtigen? Angefangen bei der proaktiven Suche von Einsparpotenzialen bis hin zur Vermeidung unnötiger Ausgaben?

Meine GEISTESBLITZE, FRAGEN, IDEEN & To Do's:

103A

Falls ja, welches (Eigen-) Interesse könnten Deine Mitarbeiter haben, **proaktiv Kosten einzusparen** oder interessante Hinweise für Einsparpotenziale zu geben?

MEINE GEISTESBLITZE, FRAGEN, IDEEN & TO DO'S:

103B

Probleme gelöst bekommen, ist die eine Sache. Probleme gar nicht erst entstehen zu lassen, eine andere. Was tun Deine Mitarbeiter dafür, **um unnötige Kosten durch vermeidbare Probleme zu verhindern?**

Meine GEISTESBLITZE, FRAGEN, IDEEN & To Do's:

104

Wie oft werden vorherrschende Marktbedingungen geprüft, bevor wertvolle Ressourcen wie Zeit und Geld in Recruiting-Maßnahmen fließen? **Zum Beispiel mithilfe eines Marktchecks.**

MEINE GEISTESBLITZE, FRAGEN, IDEEN & TO DO'S:

104A

Welche Parameter und Kriterien werden in die Prüfung der Rahmenbedingungen einbezogen? Bitte begründe kurz Deine Auswahl.

Meine GEISTESBLITZE, FRAGEN, IDEEN & To Do's:

105

Was am Recruiting-Job lässt sich bereits heute von Technologien erledigen? Welche Technologien nutzt Dein Team? **Welche Effizienzgewinne** sind dadurch erzielbar?

MEINE GEISTESBLITZE, FRAGEN, IDEEN & TO DO'S:

105A

Wie erfolgreich nutzt Dein Team diese Technologien? **Woran erkennst Du**, dass hier das volle Potenzial ausgeschöpft wird?

Meine GEISTESBLITZE, FRAGEN, IDEEN & To Do's:

Für die Galerie gespielt

Raus aus der Ja-Aber-Ecke

106

„Ja, aber **wir haben doch schon alles versucht.** Nicht einmal der Personalberater kann liefern."

- Wenn Du schon alles (was Du kennst) versucht hast, wieso hast Du dann noch Beschaffungsprobleme?

Meine GEISTESBLITZE, FRAGEN, IDEEN & To Do's:

106A

Was hast Du ausgelassen oder übersehen? Wer oder was kann Dir dabei helfen, »blinde Flecken« aufzudecken oder noch nicht genutzte Potenziale aufzeigen? Hier kann insbesondere ein umfassender Check Deiner Recruiting-Praxis weiterhelfen.

MEINE GEISTESBLITZE, FRAGEN, IDEEN & TO DO'S:

Wenn Du Interesse an einem umfassenden Praxis-Check hast, schreibe ein Mail an redaktion@diemehrwertfabrik.de

107

„Ja, aber wir haben doch **keine Zeit, keine Ressourcen, kein Know-how**, um uns (auch noch) um das Thema zu kümmern."
- Welches Know-how fehlt? Wie viel Zeit/Manpower fehlt konkret?
- Wer soll sich kümmern, wenn Du keine Zeit, keine Ressourcen und kein Know-how hast? Wozu sollte das jemand machen?

Meine GEISTESBLITZE, FRAGEN, IDEEN & To Do's:

108

„Ja, aber **da kommt nur noch Schrott**".
- Wer ist dafür verantwortlich, dass »kein Schrott« kommt?
- Was sagt die Wortwahl »Schrott« über Dich und Deine Einstellung zum Thema Mitarbeitergewinnung aus?

MEINE GEISTESBLITZE, FRAGEN, IDEEN & TO DO'S:

109

„Ja, aber die Mitarbeiter, die **wir brauchen**, **gibt es so** nicht am Markt."
- Wieso suchst Du Mitarbeiter, die es so am Markt nicht gibt?
- Welche Alternativen gibt es, die Du bisher noch nicht genutzt hast?

Meine GEISTESBLITZE, FRAGEN, IDEEN & To Do's:

110

„Ja, aber **ich brauche doch** Mitarbeiter, die ABC und XYZ können."
- Woher sollen die kommen?
- Kennst Du die Quellen?
- Falls nein, welche Optionen hast Du jetzt?

MEINE GEISTESBLITZE, FRAGEN, IDEEN & TO DO'S:

111

„Ja, aber das Schulsystem, der Staat ..." Wer oder was kommt Dir als Hindernis oder Sündenbock noch in den Sinn?
- Welchen konkreten Einfluss hast Du auf das Schulsystem?
- Welchen auf staatliche Entscheidungen etc.?

Meine GEISTESBLITZE, FRAGEN, IDEEN & To Do's:

111A

Falls Du keinen (direkten) Einfluss auf eines der genannten »Hindernisse« hast. Wozu beschäftigst Du Dich damit? Wie bringt Dich Dein Lamentieren weiter?

MEINE GEISTESBLITZE, FRAGEN, IDEEN & TO DO'S:

112

„"„Ja, aber, die anderen haben doch auch Fachkräftemangel."
- Bist Du die anderen?
- Was bringt es Dir, Dich mit anderen Opfern zu solidarisieren?
- Wie hilft Dir diese falsch verstandene Solidarität **Deine** Probleme zu lösen?

Meine GEISTESBLITZE, FRAGEN, IDEEN & To Do's:

03

Die Autorin

Bianca Traber ist Unternehmerin und Inhaberin der Konzeptschmiede DIE MEHRWERTFABRIK. Diese steht für gewinnbringende Konzepte, die sich abseits vom massenhaft praktizierten »Hängematten-Recruiting« bewegen.

Arbeitsmarkt-Expertise <u>in Verbindung mit Marktintelligenz</u> liefern den Schlüssel, um die bestmöglichen Arbeits-Kräfte fürs Unternehmen zu gewinnen. Arbeits-Kräfte, die echte Werte schaffen und dabei helfen, einfacher und schneller ambitionierte Unternehmensziele zu erreichen. Im Idealfall just-in-time.

Die Leitidee des 6Q Arbeitsmarkt-Radars® wurde in Zusammenarbeit mit ihren Kunden entwickelt. **Ebenjenen hilft der Einsatz:**

- Stets den Marktüberblick zu behalten,
- die bestmöglichen Beschaffungslösungen zu finden und
- wertvolle Ressourcen klug einzusetzen – Mangel hin oder her.

Und die Praxis bestätigt, dass durch die schnelle Identifizierung neuer Chancen die Erwartungen der Unternehmenslenker weit übertroffen werden können.

Damit beantwortet die Autorin, auch die Frage wie folgt: „Wozu sollte ich an einen Fachkräftemangel glauben? Wer den Markt gut genug kennt und ihn zum eigenen Vorteil zu nutzen weiß, braucht keinen Mangel fürchten."

Wozu auf diesen Vorteil verzichten?

03

Danksagung

Ich bedanke mich bei meinen Kunden, die sich nicht mit einer Opferrolle zufriedengeben. Die Wünsche, abseits der Marktrealität, für sinnlose Träumerei halten und Jammern für Zeitverschwendung.

Ich bedanke mich auch bei den zahlreichen Teilnehmern meiner LinkedIn-Umfrage vom Dezember 2021. Die Abstimmungsergebnisse und Kommentare waren der zündende Funke und Ideengeber für dieses Werk. Wer mehr dazu erfahren möchte, schreibt eine E-Mail an: redaktion@diemehrwertfabrik.de

Ein besonderer Dank geht an alle Profis, die sich nicht mit dem Status quo zufriedengeben, die Dinge hinterfragen und stets nach Erkenntnisgewinn und Fortschritt streben.

03

Abbildverzeichnis

Bild	Credit
Titelbild	mel-nik/Getty Images über Canva.com
Foto Autorin	Jörg Krämer
Zahlen Buttons 1-12	Keepicon über canva.com
Icons	Openclipart-Vectors/420494/pixabay
Hand burn money bill:	Abscent über canva.com
Hammering	nano wu über canva.com
Fake News Concept Icon	ruslannesterenko über canva.com
Bouncing Ball	Icons8 über canva.com